Lamborghini
Chengdu

超級跑車

小百科

Encyclopaedia of Sports Cars

目錄

十大超級跑車

其他經典跑車

十大超級跑車

超級跑車除了擁有強大的引擎馬力與優異的操控性能外，還具有獨特的內外觀設計、昂貴的售價以及限量生產的特性。本單元精選了十輛極具代表性的超級跑車，包括Zenvo ST1、科尼賽克Agera等馬力超過1,000匹的極速猛獸，以及為了因應法規並兼顧節能與環保需求的新世代超級跑車，還有即使有錢都未必買得到的稀有限量超級跑車！

Ferrari

PAGANI

ASTON MARTIN

GUMPERT

SPYKER

Spyker

Bugatti
布卡堤

品牌故事

布卡堤橢圓形徽章上的英文是創辦人的姓氏，中間上方反寫的E和B則是他的名字縮寫。標誌中的紅色代表著熱情與動力，黑色象徵勇氣與產品的優異性，白色則表示高雅與貴族氣息。布卡堤造車技術極佳，所以車款幾乎是賽車比賽的常勝軍。自從成為德國福斯汽車集團的品牌之一後，它推出的唯一車款Veyron便成為目前最快的超級跑車。

布卡堤 *Bugatti Veyron*

國別：法國	**動力**：1,001～1,200匹
0-100km/h加速：2.5秒	**極速**：408.47～431公里

售價約從臺幣4,000萬元起跳的布卡堤Veyron是全世界最貴的超級跑車之一，更是金氏世界紀錄認證跑得最快的超級跑車之王。它的引擎有4具渦輪系統，能爆發出1,000匹以上的馬力，並曾創下每小時接近431公里的極速表現！因為車速實在太快了，它還特別使用專門設計的超跑輪胎，來確保高速行駛的安全性！

BUGATTI

Koenigsegg

科尼賽克

品牌故事

科尼賽克的盾形徽章是創辦人家族盾形紋章的修改版。創辦人想要製作結合速度與豪華感的世界級超級跑車，在經過長久的設計與開發後，終於在2002年做出了第一輛產品。這輛超級跑車的樣貌，是創辦人親手畫的，之後有多位瑞典頂尖的工程師也參與一起打造。金氏世界紀錄曾2005年認證科尼賽克CCR是當時世上銷售車中速度最快的。

科尼賽克 *Koenigsegg Agera*

Koenigsegg	國別：瑞典	動力：940～1140匹
	0-100km/h加速：2.9～3.1秒	極速：395～443公里

瑞典科尼賽克小型手工超級跑車工廠雖然沒有久遠的歷史，但憑著想打造世界最快汽車的決心，不斷的推出性能驚人的超級跑車。科尼賽克目前性能最強的Agera R車款，雖然在動力上沒有超跑之王布卡堤Veyron來得強，但它僅有1,330公斤的車重，比Veyron輕很多，因此仍在2011年創下市售車中，六項陸地最快的世界紀錄。

McLaren
麥拉倫

品牌故事

英國麥拉倫車廠擁有豐富的賽車經驗，旗下更擁有一支非常成功的F1一級方程式賽車車隊。它繼1992年推出稱霸全球、性能無人能及的麥拉倫F1超級跑車之後，在2011年再度運用大量的賽車技術，推出全新的麥拉倫MP4-12C超級跑車，讓車迷終於能夠駕駛到一輛充滿賽車科技的高性能超級跑車，並延續麥拉倫的傳奇。

麥拉倫 *McLaren P1*

McLaren	國別：英國	動力：916匹
	0-100km/h加速：2.8秒	極速：約350公里

英國麥拉倫P1旗艦超級跑車安裝的雙渦輪增壓引擎，能和電池組及馬達系統一起運作、爆發出極大的馬力，不到3秒就能加速到100公里。它雖然不是一輛車速最快的超級跑車，卻能讓駕駛在賽道上感受到極高的成就感。它的動力系統還能讓它用電力行駛超過10公里，時速更可以超過160公里。

ELCOME
AS VEGA

麥拉倫 *McLaren MP4-12C*

McLaren	國別：英國	動力：626匹
	0-100km/h加速：3.1秒	極速：約333公里

麥拉倫車廠獨立經營以後的第一輛大作——麥拉倫MP4-12C，車體超級輕量化，搭配雙渦輪動力引擎與大量F1賽車的技術，展現出讓人驚嘆的性能表現。電子懸吊系統讓MP4-12C在賽道上的轉向，迅如閃電，在平路上的駕駛更是穩如泰山。敞篷版MP4-12C Spider的摺疊式車頂設計，則讓駕駛感受到人車一體的境界。

Lamborghini

藍寶堅尼

品牌故事

藍寶堅尼的徽章是頭金牛，因為創辦人是金牛座，希望品牌能有蠻牛般的精神。創辦人原是一個牽引機製造商，擁有多輛法拉利跑車，也很喜愛這個品牌，但他意外發現法拉利跑車的構造不夠好，便向法拉利提出改善的意見，可是法拉利的老闆卻回應說：不用你這位製造農耕機的人告訴我怎麼造車！於是藍寶堅尼就在爭一口氣中誕生了。

BLANCPAIN
7
BLANCPAIN
PICC
Lamborghini
Chengdu
PICC
OMP
PIRELLI
PIRELLI

藍寶堅尼 *Lamborghini Aventador LP 700-4*

	國別：義大利	**動力：**700匹
	0-100km/h加速：2.9秒	**極速：**350公里

俗稱大牛的藍寶堅尼旗艦超級跑車Aventador LP 700-4，名字是依照藍寶堅尼的傳統，取自於西班牙鬥牛界勇猛的鬥牛。這款車具有獨特的鍘刀式車門設計、馬力強大的引擎以及猶如外太空飛船戰機的外型設計，無論開到哪裡，都是最搶眼的主角。電影《蝙蝠俠》中的男主角在影片中平時的座車就是這輛義大利蠻牛。

LA PHIL

藍寶堅尼 *Lamborghini Veneno*

	國別：義大利	**動力：**750匹
	0-100km/h加速：2.8秒	**極速：**超越355公里

藍寶堅尼汽車為了慶祝品牌滿50週年，在2013年日內瓦車展時，發表了外型酷似日本卡通《閃電霹靂車》中阿斯拉賽車的超級跑車。這輛頂級超跑全球限量只有3輛，定價約1億3千6百萬臺幣，而且在最初正式發布消息時就已經都賣掉了，讓人有錢也買不到。它是以Aventador LP 700-4為基礎而製造的，但價格卻比它高15倍。

藍寶堅尼 *Lamborghini Gallardo*

	國別：義大利	**動力：**550～570匹
	0-100km/h加速：3.4～4秒	**極速：**超越320～325公里

藍寶堅尼史上最成功的超級跑車小牛Gallardo系列，上市至今總共生產了14,022輛，是藍寶堅尼創廠以來最成功的暢銷車款。Gallardo分為雙門與敞篷兩種車型，以及較安全的四輪驅動或注重駕駛樂趣的後輪驅動車款。Gallardo的賽車除了底盤為特殊賽道調整過以外，其他零件都和市售的車款一樣，這證明它的市售車款就非常耐用，性能也很強。

Niche Cars
Sole Authorized Dealer

Zenvo 品牌故事

Zenvo Automotive是丹麥的一家汽車工廠，由一群夢想著製作出最獨特手工超級跑車的專家們所組成。Zenvo於2013年的杜拜車展中發表了它旗下唯一、而且只限量生產15輛的Zenvo ST1超級跑車。由於以手工製作相當費時與複雜，所以Zenvo每一年僅能生產3輛ST1超級跑車。

Zenvo ST1

	國別：丹麥	**動力：**1104～1250匹
	0-100km/h加速：3秒	**極速：**超越375公里

以製造手工超級跑車聞名的丹麥獨立車廠Zenvo，計畫將限量生產15輛擁有1,104匹馬力以上的ST1超級跑車。這款車採用渦輪與機械增壓的雙增壓引擎，能爆發出驚人的馬力；搭配上僅僅1,370公斤的車重，展現出相當驚人的加速力道。當一般轎車加速，還沒跑到每小時100公里時，ST1早已經衝過每小時200公里了。

Ferrari

法拉利

品牌故事

法拉利的徽章上方是義大利國旗綠、白、紅的線條，中間印有躍起的黑馬，徽章底色則是代表義大利摩德納市的黃色。這隻黑馬原印在義大利空戰英雄Francesco Baracca的戰鬥機上，但在他光榮戰亡，成為民族英雄後，他的母親和法拉利創辦人見面時，表示希望能將這隻馬印在法拉利的超級跑車上，將能帶給法拉利好運。

法拉利 *Ferrari LaFerrari*

	國別：義大利	**動力：**963匹
	0-100km/h加速：3秒以下	**極速：**350公里

LaFerrari是法拉利汽車中性能最強的超級跑車，當它的電動馬達充滿電力時，引擎便可以在短時間內獲得額外的動力，讓馬力達到963匹，展現出更強的加速性能。法拉利汽車只生產499輛LaFerrari，所以這輛集結法拉利尖端科技於一身的旗艦超級跑車，不是有錢就買得到；車廠規定買家必須擁有至少5輛法拉利的車，才有資格來搶購它。

法拉利 *Ferrari F12berlinetta*

	國別： 義大利	**動力：** 740匹
	0-100km/h加速： 3.1秒	**極速：** 340公里

F12berlinetta是法拉利汽車產品中第二快的超級跑車，它使用的是擁有740匹馬力的引擎，從靜止加速到100公里僅需3.1秒、到200公里也只需8.5秒。此外，F12berlinetta更在法拉利專屬的Fiorano賽道上創造了1分23秒的單圈紀錄，是LaFerrari上市以前最快的一輛法拉利公路跑車。此外，它的座艙材質也很頂級。

法拉利 *Ferrari 458 Italia*

	國別：義大利	**動力：**570匹
	0-100km/h加速：3.4秒	**極速：**325公里

458 Italia結合了F1一級方程式賽車的技術智慧和法拉利汽車品牌的熱血精神，自2009年上市以來便稱霸入門超級跑車的市場。它使用了法拉利引以為傲的賽車製作技術以及媲美賽車性能的引擎，提供車主強勁的馬力。除了先天上優質的車身重量分配與貼心的懸吊設定以外，458 Italia還加裝了許多先進的電子系統，讓它的操控性能也大大提升。

Pagani

帕加尼

品牌故事

帕加尼超級跑車的公司創辦人從12歲時開始，便喜歡設計木頭小汽車，長大後熱愛汽車的他到藍寶堅尼超級跑車的工廠上班。1988年他自己獨立設廠，之後仍繼續和藍寶堅尼合作、設計了許多經典車款。後來，帕加尼又和賓士AMG合作引擎，於1998年完成第一輛超級跑車。帕加尼現在除了生產自家的超跑，還提供許多車廠與車隊零件。

帕加尼 *Pagani Huayra*

	國別：義大利	**動力：**730匹
	0-100km/h加速：3.3秒	**極速：**超越370公里

Huayra是義大利超級跑車製造商帕加尼旗下的最新超級跑車，曾在英國知名汽車綜藝節目中，以1分13秒8的佳績，擊敗紀錄保持者Ariel Atom V8小型跑車，創下該節目最快的單圈成績。它配備了具有730匹馬力的引擎與換檔迅速的變速箱系統，從靜止加速到100公里僅需3.3秒，最快速度更可達到時速370公里。

7AM-6PM
3PM-7PM
MON-FRI
MODERN
MASTERS

Aston Martin
奧斯頓馬丁

品牌故事

奧斯頓馬丁的徽章結合了一對白色翅膀與公司英文名Aston Martin，據說設計靈感源自於賓利汽車的徽章，象徵著速度的意思。這間英國頂級車款製造商，從1913年創立以來，生產了無數世界聞名的賽車、豪華跑車、敞篷跑車以及高級轎跑車。它不但始終堅持以昂貴的手工方式製造汽車，還能依照車主的喜好與需求，打造出與眾不同的車子。

24 HEURES DU MANS
ASTON MARTIN
drayson racing
87
draysonracing.com
1000mph
COBRA
MICHELIN

奧斯頓馬丁 *Aston Martin One-77*

ASTON MARTIN	**國別：**英國	**動力：**750匹
	0-100km/h加速：約3.5秒	**極速：**354公里

全世界限量生產77部，售價超過4,700萬臺幣的奧斯頓馬丁One-77超級跑車，除了擁有高達750匹的馬力，還大量使用碳纖維與鋁合金材質，讓車身更輕、更堅固，同時也跑得更快。每輛One-77需花費技師們四星期的時間以手工製作，車主可以選擇自己喜歡的車身顏色。雖然One-77超級跑車的價格貴到可以買棟房子，但還是全被買光了。

奧斯頓馬丁 *Aston Martin Vanquish*

ASTON MARTIN	**國別：**英國	**動力：**573匹
	0-100km/h加速：4.1秒	**極速：**295公里

Vanquish超級跑車除了擁有強而有力的引擎，外觀與內裝上也加入了One-77超級跑車的凶猛設計。而為了減輕重量並提升操控品質和駕駛性能，它也同樣採用了鋁合金與碳纖維結構。至於座艙則是花70小時以上用手工製作，並使用7張頂級皮革縫製而成。售價臺幣1,680萬元的Vanquish雖然不是最快的超級跑車，卻具有一種獨特的英國紳士氣質。

奧斯頓馬丁 *Aston Martin Rapide S*

ASTON MARTIN	**國別：**英國	**動力：**558匹
	0-100km/h加速：4.9秒	**極速：**約306公里

奧斯頓馬丁Rapide S是奧斯頓馬丁造車史上的第二輛四門轎跑車。它的外觀設計充滿了奧斯頓馬丁的家族特徵，讓人一眼就能認出它尊貴的身分。它的座艙以頂級的手工打造，質感極高，前後排都裝上了跑車座椅，更是突顯出獨特的美感。唯一美中不足的是它的引擎爆發力不夠強，但因為操控設計很細膩，仍然受到各界的肯定。

Gumpert
貢佩爾特

品牌故事

德國車廠貢佩爾特的徽章上，除了印有廠牌名稱Gumpert外，還有一隻名為Griffin的鷹頭獅身獸。獅子是陸地之王，而老鷹是稱霸天空的猛禽，希臘神話中的Griffin兼具兩者的特質，是很厲害的神獸，所以被貢佩爾特運用在徽章上，象徵車子具有凶猛的加速性能與侵略性。雖然貢佩爾特的公司規模比不上其他超跑車廠，但它生產的跑車卻能在賽道上跑第一。

貢佩爾特 *Gumpert Apollo*

	國別：德國	**動力：**約650～800匹
	0-100km/h加速：3.1秒	**極速：**超越360公里

Apollo超級跑車的車重介於1,100與1,200公斤之間，幾乎是一輛可以合法開上公路的賽車。它的引擎結合了兩顆渦輪，並且有650匹、700匹、800匹三種不同的動力輸出設定，能滿足不同駕駛的需求。此外，Apollo雖然是一輛性能極高的超級跑車，但車輛內部仍裝設了實用性的配備。

77
MICHELIN
MICHELIN

Spyker
世爵

品牌故事

世爵曾在第一次世界大戰中與荷蘭飛機廠合併，製造飛機引擎。為了紀念這段歷史，世爵從1915年起改用結合了飛機水平螺旋槳、公司座右銘與車輪設計的全新徽章，徽章上的座右銘為「執著堅韌、凡事可成」。擁有百年歷史的世爵一直維持全手工造車的傳統，並提供量身訂做車輛的服務，滿足全世界車主的喜好與需求。

世爵 *Spyker C8 Aileron*

	國別：荷蘭	**動力：**400匹
	0-100km/h加速：4.5秒	**極速：**300公里

與所有世爵純手工打造的跑車一樣，C8 Aileron也使用了許多飛機製造的科技與用料。它不僅運用空氣力學的設計，外觀上還設計了獨特的上掀式鍘刀車門與玻璃車頂，並選用大量金屬面板與頂級皮革的內裝，營造出老式飛機座艙濃厚的機械感。除了雙門超級跑車外，它還有一款很拉風的敞篷版C8 Aileron Spyder。

其他經典跑車

看完十大超級跑車後，我們要介紹一些價格讓一般人較負擔得起，性能也相當強勁的經典跑車，包括具有靈活操控性、體型較小、重心又低的小型跑車，以及擁有強勁動力與寬敞座艙的轎跑車款。它們或許沒有超級跑車的外型與性能，但卻能讓駕駛者同時感到獨特的操控性與駕馭樂趣；充足的空間與舒適的設定，則比多數超級跑車更實用。

PORSCHE

VIPER SRT-10

LEXUS

Mercedes Benz

Audi

NISSAN

CHEVROLET

BMW

Ford

LOTUS

BENTLEY

MASERATI

JAGUAR

ALFA ROMEO

caparo

ARIEL

CATERHAM SUPER 7 SPRINT

PEUGEOT

TESLA MOTORS

TOYOTA

FIAT

mazda

MINI

HONDA

保時捷 *Porsche 918 Spyder*

保時捷的標誌有名車配名馬的意思，它結合了代表公司所在地的stuttgart字樣、德國的國旗顏色（黑、紅、黃）、巴登佛登堡州徽以及象徵力量的躍動黑馬。

國別：	德國
動力：	887匹
極速：	340公里
0-100km/h加速：	2.6～2.8秒

保時捷918 Spyder是第一輛插電式混合動力旗艦超級跑車，它不僅很容易操控，性能絕佳，而且比多數的小型車還要節能。它的插電式動力是由汽油引擎和電動馬達結合而成的。駕駛時，由燃油引擎驅動後輪，雙電動馬達負責前輪的動力輸出，車輛只用電力就能行駛約32公里，並達到150公里的極速，非常環保又省油。

PORSCHE
22
MICHELIN
Mobil 1
22

保時捷 *Porsche 911*

PORSCHE	**國別：**德國	**動力：**350～560匹
	0-100km/h加速：2.9～4.6秒	**極速：**287～315公里

保時捷汽車的旗艦車款——911雙門跑車，上市至今已50個年頭了。911不但被喻為史上最成功的跑車之一，也創下優異的比賽成績與銷售紀錄。即使各代車款都換上更流線的外觀設計，但它的最新車款仍保留引擎在後的特色，維持獨特的駕馭感。現在的911除了有雙門、敞篷、後驅與四輪驅動車型，還推出了其他性能接近超跑車速的車款。

保時捷 *Porsche Boxster*

PORSCHE	**國別：**德國	**動力：**265～315匹
	0-100km/h加速：4.8～5.8秒	**極速：**262～277公里

Boxster是保時捷繼550跑車（1953—1956）之後，第一輛選用敞篷車設計的車款。它經過三個世代的演變，變得更輕、速度更快，而且更靈敏。雖然Boxster是跑車的入門階級車款，價格較低，但性能表現仍然具有很高的水準。由於引擎裝置在車體的中央，讓Boxster的前後重量比例恰當，進而展現出極佳的操控性能與靈活度。

Boxster S

SRT *Viper*

美國SRT賽車與性能車技術團隊，專門為美國的克萊斯勒、道奇、Jeep（吉普）等品牌打造強化升級版的高性能跑車、轎跑車以及SUV休旅車。

國別：	美國
動力：	640匹
極速：	330公里
0-100km/h加速：	3.4秒

美國代表性跑車之一的SRT Viper雙門跑車，擁有毒蛇般凶猛的外型和強大的引擎。早期Viper並沒有配備電子安全系統，駕駛必須依靠足夠的經驗與技術才能駕馭，不然一不小心就可能發生意外。現在，全新的第五代Viper雖然加裝了高科技配備，但仍不是一般人能輕鬆上手的，駕駛還是必須繃緊神經來駕馭它。

GT3-R
MAGNETI MARELLI
MOPAR

凌志 *Lexus LFA*

凌志是豐田汽車公司旗下的高級車款品牌。它標誌上的橢圓代表地球，象徵凌志的車將遍布全世界，而橢圓弧度更是依照精確的數學公式修飾而成。

國別	日本
動力	560匹
極速	約326公里
0-100km/h加速	3.7秒

全球限量生產500部的凌志LFA雙門超級跑車，在日本的市售車中，擁有最強的馬力，是目前日本最貴的超級跑車，大約售價臺幣1,500萬元的天價。LFA的引擎除了能爆發出560匹馬力之外，經過Yamaha F1引擎團隊的精心調校後，它加速時的聲浪更是像F1賽車一樣凶猛高亢。目前所有的LFA都已經賣光了。

凌志 *Lexus IS F*

	國別：日本	**動力：**416匹
	0-100km/h加速：4.7秒	**極速：**約270公里

凌志的IS F因為汽油引擎能輸出達416匹的馬力，成為凌志汽車對抗寶馬M3、賓士C63 AMG以及奧迪RS4等高性能轎跑車的利器。它還配備了世界上第一具八速變速箱，加速到100公里只需要4.7秒就能完成。除了強勁的性能之外，IS F也和同級對手的車款一樣擁有高級的內裝配備與舒適的乘坐空間，可說是日本研發最完整、性能也最強的四門轎跑車。

IS F

賓士 *Mercedes-Benz SLS AMG*

賓士標誌的三芒星分別代表著陸地、海洋和天空，象徵創辦人想征服各領域的野心與願景，而圓環形似地球，則有賓士汽車在地球上任意奔馳的意思。

國別：德國	
動力：571匹	
極速：317公里	
0-100km/h加速：3.8秒	

賓士SLS AMG的設計理念，是將300SL這款經典老車加以現代化，所以它使用了與300SL相同的上掀式鷗翼車門和長頭短尾式的車身設計，並規劃了雙門、Roadster敞篷，以及性能版GT等車款。另外，SLS AMG更設計了擁有750匹馬力的電動超級跑車款，是賓士AMG史上動力輸出最強的車款。

賓士 *Mercedes-Benz C63 AMG*

Mercedes-Benz	**國別：**德國	**動力：**457～517匹
	0-100km/h加速：4.2～4.5秒	**極速：**約250公里

賓士C63 AMG性能轎跑車款是由C-Class延伸而來，但它換上更強而有力的自然進氣引擎，展現出更強的性能。為了滿足不同車主的需求，C63 AMG提供了帥氣的雙門轎車，以及較為實用的四門與Estate旅行三種車型。此外，整個車系還使用了豐富且先進的安全技術，讓駕駛能開得開心又安心。

C 63 AMG
Black Series

賓士 *Mercedes-Benz A45 AMG*

Mercedes-Benz	**國別**：德國	**動力**：360匹
	0-100km/h加速：4.6秒	**極速**：約250公里

A45 AMG是現在性能最強的賓士小跑車，它以A-Class五門掀背轎車為基礎，搭配全新的渦輪引擎、四輪驅動系統，並且強化底盤的懸吊功能、專屬的外觀與內裝配件，讓車子不僅跑得快又安全，車主還能享受掀背車充滿變化的樂趣，尤其是那寬敞的置物空間！此外，它還有先進的節能配備，既省油又只有低汙染的廢氣排放量呢！

A 45 AMG Edition 1

奧迪 *Audi R8*

奧迪標誌的四個圓環代表當時合併的四家德國車廠奧迪、DKW、霍赫及旺德諾。四環相連、具有相同半徑，象徵公司成員平等、互利、合作的精神。

國別：	德國
動力：	430～525匹
極速：	300～314公里
0-100km/h加速：	3.9秒

R8是奧迪汽車的第一輛超級跑車，它擁有非常獨特的未來感外型和座艙設計，同時兼具優異的性能和舒適的乘坐感，是一輛可以每天開著上下班的實用超跑。它以義大利超跑藍寶堅尼Gallardo的結構設計為基礎，將引擎裝在車身中間，並搭配四輪傳動系統，讓重量更平均，達到更棒的加速性能與過彎能力。

Audi Top Service
Audi Sport customer racing
Top Service
Audi
R8 pilots
R8 LMS
Audi driving experience

奧迪 *Audi RS6 Avant*

Audi	**國別**：德國	**動力**：560匹
	0-100km/h加速：3.9秒	**極速**：約305公里

Avant是奧迪旅行車型的名稱，它的特色就是擁有比一般轎車還要實用且寬敞的行李箱空間，以及車頂置物的區域。因此，RS6 Avant除了跑得和超級跑車差不多快之外，還符合一般家庭用車的需求。可以說，RS6 Avant是奧迪A6車型中馬力最大、跑得最快、操控性能最強的車款了。

RS 6

奧迪 *Audi TT*

	國別：德國	**動力：**160～360匹
	0-100km/h加速：4.1～6秒	**極速：**約226～280公里

奧迪TT擁有獨特的圓弧式車身外型，以及充滿科技感和跑車化的內裝。為了提供車主多元化的選擇，TT有比較省油的前輪驅動，以及操控性能比較強的四輪驅動兩款車型，後者更搭配了動力比較強的引擎，讓喜愛刺激的駕駛和開一般速度的駕駛，都可以各取所需。敞篷版的TT Roadster則讓駕駛享受到開篷跑車的奔馳快感。

日產 *Nissan GT-R*

日產標誌中的圓代表太陽，中間是日產的英文，圖案的意思是「以人和汽車的明天為目標」，銀色則象徵創意、完美、現代及產品不凡的獨特性。

國別：	日本
動力：	545匹
極速：	超越315公里
0-100km/h加速：	2.7秒

被喻為「東瀛戰神」的日產GT-R超級跑車，自2008年推出以後，便以超強的性能，在世界各賽道上不斷的創下新戰績，甚至跨級距擊敗售價是它兩倍以上的高性能車款；就連義大利超跑龍頭製造廠都對它敬畏三分。GT-R配備的彈跳起步系統，讓它能重複的展現在2.7秒內加速到100公里的雲霄飛車快感。

NISSAN
nismo
35
JPN
35
G
Gigawave
Digital HD
MOTUL
MOTUL
MOTUL
MICHELIN
MICHELIN

日產 *Nissan 370Z*

國別：日本	**動力**：332～350匹
0-100km/h加速：5.3秒	**極速**：250公里

370Z取代了日產之前的350Z車款，並且換上更輕的結構、更先進的科技、更有力的引擎及更具質感的內裝。但是它保留日產第一代Z系列跑車240Z的長車頭、短軸距及高腰線的車身設計，繼續傳承這系列的性能車血統。比起歐系對手車款，370Z的售價親民，性能又毫不遜色，深受消費者肯定。喜愛敞篷跑車的車主，則可選擇動力相同的370Z Roadster車款。

雪佛蘭 *Chevrolet Corvette C7 Stingray*

CHEVROLET

雪佛蘭金色領結標誌的來源說法很多，有人說是創辦人自己想的，也有人說靈感源自於其他圖片，無論如何，它都象徵著雪佛蘭的大方、氣派和風度。

國別：美國	
動力：450匹	
極速：305公里	
0-100km/h加速：4秒	

美國雪佛蘭汽車的旗艦跑車Corvette上市至今已經有60年的歷史了。這輛原本計畫每年只生產150輛的美式大馬力跑車，現在已成為美國最具代表性的車款之一。全新第七代Corvette C7 Stingray雙門肌肉跑車除了換上媲美歐系超跑的外觀設計外，座艙更使用了頂級皮革、碳纖維與鋁合金飾板，大幅提升內裝的質感。

寶馬 *BMW M3*

寶馬標誌中的藍白相間圖案常常被認為是運轉中的飛機螺旋槳，但其實它象徵著德國巴伐利亞州的藍白格紋國旗，且簡潔俐落的設計突顯出它智慧與性能的特點。

國別：	德國
動力：	420匹
極速：	250公里
0-100km/h加速：	4.6秒

寶馬2007年上市的第4代M3車系（包含四門轎跑、雙門以及硬頂敞篷車）是寶馬第一輛擁有420匹馬力的M3車款，上市至今共賣出了超過4萬輛，也是史上銷售最佳的車款。寶馬M3車系還推出了多款擁有高級配備或強化性能零件的特別車款，讓駕駛能體驗到更接近賽車的優異操控感。

S 624 RB
BMW PREMIUM SELECTION

寶馬 *BMW M6*

	國別：德國	**動力：**560匹
	0-100km/h加速：4.2秒	**極速：**250公里

寶馬汽車產品中性能最強的M6雙門轎跑車，使用的引擎與M5四門轎跑車相同，都是560匹馬力，但由於車身更輕，因此跑得更快，過彎極限也更高。為了降低重心，它的車頂特別選用碳纖維材質，並加入了降低風阻的凹槽設計，讓車子即使開得很快，也不會搖晃。而在一般的速度時，M6開起來就像轎車一樣舒服。

BMW M6 Coupé

寶馬 *BMW Z4*

	國別：德國	**動力：**156～306匹
	0-100km/h加速：5.1～8.1秒	**極速：**250公里

在寶馬所有車系中，Z4雙人座小型敞篷跑車是首度使用兩片式電動收摺頂篷的車款，內裝則維持品牌一貫的高級舒適感。它的車身結合傳統敞篷跑車的長車頭比例和現代感的流線輪廓，就算停著也散發出蓄勢待發的衝勁。駕駛只需要輕觸控制按鈕，就可以在20秒內完成頂篷開關的動作，享受與大自然結合的駕駛樂趣。

福特 *Ford Mustang*

福特的橢圓標誌保有早期的顏色與字體設計，象徵品牌傳統的傳承。創辦人亨利福特更將流動式生產線導入汽車業，生產家家戶戶買得起的交通工具。

國別：	美國
動力：	300～420匹
極速：	245～324公里
0-100km/h加速：	4.2～5.9秒

第一代福特Mustang自1964年在紐約上市以來，已經在全球累積突破了1,000萬輛的銷售佳績。它歷經了五個世代的進化改款，但仍不改它美式經典跑車的獨特風格，依舊配備了充滿力與美的外觀設計，及強勁的引擎動力。它或許沒有歐系跑車那種靈敏的操控性，卻是一輛擁有足夠空間，且能長途旅行的性能轎跑車。

蓮花 *Lotus Evora*

蓮花的標誌結合了公司創辦人的姓名縮寫、象徵太陽的黃色及代表英國國際賽車協會的深綠色。它的英國公司總部就建造在二次世界大戰的飛機場上。

國別	英國
動力	280～350匹
極速	約261公里
0-100km/h加速	4.8秒

Evora轎跑車是蓮花汽車目前車款中體積最大、也是唯一一輛設定為四人座的車款。為了迎合更廣泛消費族群的需求，Evora比其他蓮花車款更具實用性。它不僅車身體積較大，提供了更寬敞的座艙空間，也是同級車款中唯一一種將引擎裝置在車身中央的車款，引擎後方的行李箱還能裝得進一組高爾夫球具呢！

蓮花 *Lotus Elise*

	國別：英國	**動力：**134～217匹
	0-100km/h加速：4.6～6.5秒	**極速：**204～234公里

蓮花的第一代Elise敞篷小跑車於1996年上市，雖然它的動力不算很強勁，但因全車的設計極度輕量化，仍展現出絕佳的性能，使車子操控起來靈敏又迅速，尤其是過彎的速度和極限，連許多超級跑車都無法超越。不過，由於Elise是以性能為標榜，因此內裝配備相當簡單，乘坐起來比較顛簸，較不適合每天通勤使用。

愛快羅密歐 *Alfa Romeo 4C*

結合紅色十字架與吞食蛇的愛快羅密歐標誌，其實就是義大利米蘭市的市徽。因為米蘭市是愛快羅密歐的發源地，也是它至今的車廠總部所在。

國別：義大利	
動力：240匹	
極速：約258公里	
0-100km/h加速：4.5秒	

愛快羅密歐4C小型雙門跑車因為採用超跑等級的碳纖維與鋁合金結構，所以車身重量僅895公斤。也因此，它雖然沒有驚人的馬力，卻依舊跑得飛快，而內外觀則以愛快羅密歐著名的優美線條來設計。開快車時可以享受到迅速的樂趣，停下來時又覺得它美得像藝術品，這就是車迷一直熱愛這個品牌的原因。

積架 *Jaguar XKR*

JAGUAR

積架在生產汽車之前，是一間製造三輪摩托車的工廠。它的標誌是一隻縱身跳躍的美洲豹，造型極具動感，象徵著積架汽車的速度、力量與高智慧。

國別：	英國
動力：	510～550匹
極速：	250公里
0-100km/h加速：	4.4～4.6秒

當標準版積架XK雙門與敞篷轎跑車的馬力已經無法滿足車主對速度與性能的要求時，具有狂野外型與強勁動力引擎的XKR高性能雙門與敞篷轎跑車就因此誕生了。它設計了輕量化的車身結構，既大幅降低車身的重量，又提供車輛整體結構的完整性與優異的乘座品質，而且在操控及煞車系統上也做了升級。

Jaguar Selected

積架 *Jaguar F-Type*

JAGUAR	國別：英國	動力：340～495匹
	0-100km/h加速：4.3～5.3秒	極速：260～300公里

積架的F-Type雙人座敞篷跑車，可以說是近50年來唯一完整傳承積架汽車正統賽道精神的純種跑車。為了展現出最佳的操控駕馭性，它使用了輕量化的鋁合金結構、強勁的引擎、後輪驅動設定以及積架汽車75年的造車技術與工藝；座艙設計則營造出賽車般的戰鬥氣氛，滿足了熱血車迷對速度的追求。

瑪莎拉蒂 *Maserati Quattroporte*

瑪莎拉蒂的三叉戟標誌是當初公司三兄弟老闆創業之地波隆那的市徽，藍色的部分代表車款的實力、卓越與一流等級，白色則象徵了品牌的純正魅力。

國別：	義大利
動力：	410～530匹
極速：	285～307公里
0-100km/h加速：	4.7～5.1秒

義大利文Quattroporte是四門的意思，顧名思義，它就是瑪莎拉蒂汽車產品中的旗艦四門轎跑車款。此車款自1963年上市後，經過六個世代的演變，依舊具有高雅外觀、頂級內裝及性能車的動力。最新發表的車款更選用與超跑製造商法拉利聯合設計的引擎，這渦輪新動能技術讓Quattroporte性能更強，也更節能環保。

EMPIRE

瑪莎拉蒂 *Maserati GranTurismo*

	國別：義大利	**動力：**405～454匹
	0-100km/h加速：4.7～5.2秒	**極速：**285～301公里

瑪莎拉蒂GranTurismo擁有義大利跑車的純正血統與狂野誘人的外觀設計，就好像一件充滿動感的行動藝術作品般。它配備了同集團法拉利汽車的動力系統，不僅性能優異，充滿爆發性的引擎聲浪更是讓車迷們如痴如醉。不過，它並不是專注在性能上的跑車，原廠還提供不同選擇的內裝用料與顏色，讓每輛車更顯獨特。

賓利 *Bentley Continental GT*

BENTLEY

賓利標誌結合了公司英文名稱第一個字母的大寫B，以及一對象徵力量與速度的翅膀，就像是凌空翱翔的老鷹，也象徵著它在全球飛躍發展的能力。

國別：英國
動力：507～625匹
極速： 303～330公里
0-100km/h加速：4.2～4.8秒

賓利Continental GT雙門四人座頂級轎跑車無論內外觀都沒有太過花俏誇張的設計，但在低調高雅的外表下卻隱藏了純手工打造的高級配備，以及充滿爆發力的引擎。它的引擎雖是入門的渦輪動力車款，卻已具有充足的實力，但是如果想追求更強的性能，Continental GT Speed會是更好的選擇。

BENTLEY

卡帕羅 *Caparo T1*

卡帕羅汽車技術公司經營汽車材料工程、技術開發，並提供汽車、賽車和航空業的設計服務。公司創辦人曾經參與經典超級跑車麥拉倫F1的開發。

國別：	英國
動力：	575匹
極速：	超越330公里
0-100km/h加速：	不到2.5秒

卡帕羅T1這部輕量化跑車，由於車重只有500公斤，引擎又強，性能足以媲美F1一級方程式賽車。它從靜止到加速至100公里僅需要不到2.5秒，加速到160公里也只要4.9秒，所以就好像一輛能開上路的F1賽車。卡帕羅T1曾經過空氣力學設計，因此開得越快，下壓力越強，車身的穩定性也越高。

caparo

阿里爾 *Ariel Atom*

ARIEL

阿里爾車廠唯一生產的Atom輕型跑車原本只是一位大學生的研究計畫，後來獲得阿里爾汽車老闆的資助與設計協助，成品終於在1996年亮相。

國別：	英國
動力：	245～500匹
極速：	250公里
0-100km/h加速：	2.3～3秒

純手工打造的阿里爾Atom小型跑車雖然馬力並不強大，但輕巧的車身設計卻讓它具有超級跑車般的加速性能，尤其不到600公斤的車重，讓Atom開起來靈活又有趣。而為了徹底減輕重量，Atom連車門、車頂以及玻璃都沒有，因此，駕駛必須像機車騎士一樣戴上安全帽保障頭部安全，同時也避免吃進飛蟲與沙子。

ariel-atom.d

Caterham Seven

英國Caterham汽車公司專門生產雙人座敞篷輕型手工跑車。結合賽車經驗和輕量化的材質技術，終於造就Caterham產品的優異性能。

國別：英國	
動力：125～310匹	
極速：180～250公里	
0-100km/h加速：2.79～5.9秒	

超級輕量化跑車Caterham Seven自1973年上市後，便受到賽車玩家們的喜愛。它不僅保留著原始的設計，還不斷的加強操控設計與動力，且價格相當親民。車主除了可以直接向原廠購買Seven的成品，還能買零件回家，自己打造Seven小跑車。不過如果想在雨中開車，車主最好再加購車頂與車門，才不會變成落湯雞。

005
1300 36 70 70
VTU 666

標緻 *Peugeot RCZ*

PEUGEOT

標緻公司在創立之初，是以生產自行車為主，品牌標誌是一頭雄獅，也是公司所在地法國弗南修·昆蒂省的標誌，這個標誌至今仍被標緻汽車所使用。

國別：法國	
動力：156～270匹	
極速：212～250公里	
0-100km/h加速：5.9～8.4秒	

RCZ的外型充滿標緻家族的特色，包括修長頭燈、特大的公司標誌、兩側鋁合金門拱、雙圓弧造型的車頂和後擋風玻璃，在在都讓RCZ成為標緻車款中，最獨特、動感的車款。它的尾翼可以感應行車速度而自動進行三段式調整，如此能有效降低風的阻力及油耗，同時維持高速行駛時的路感和操控的穩定性。

VH-018-AM

特斯拉 *Tesla Roadster*

TESLA MOTORS

發源於美國矽谷的特斯拉汽車公司，除了設計、生產與販售電動跑車、轎車之外，還提供包括戴姆勒與豐田汽車等車廠的電動車動力零件。

國別：美國	
動力：248～288匹	
極速：200公里	
0-100km/h加速：4秒	

特斯拉Roadster是市面上第一輛使用鋰離子電池的電動車，和其他電動車一樣不需要換機油，車輛也沒有排氣管，火星塞、汽缸活塞、管線和傳動鏈條等零件也不會在引擎蓋下出現，所以比一般使用燃料發動的車容易維修與保養，續航能力還超過320公里。電力不足時，用110V或220V的插座都可以充電。

豐田 *Toyota 86*

豐田是全球第三大汽車公司，生產無數耐用實惠又經典的國民車款。三個橢圓標誌表示輪圈、動感、速度與團結，同時象徵著對顧客服務的承諾。

國別：	日本
動力：	200匹
極速：	超越233公里
0-100km/h加速：	7.6～8.2秒

日本暢銷漫畫《頭文字D》掀起了一陣甩尾運動風，同時也讓豐田AE86經典雙門跑車翻身爆紅。為了滿足全球車迷的期望與需求，豐田與速霸陸汽車合作，聯手打造一輛充滿駕駛樂趣的入門跑車Toyota 86。它的重心低又平穩，除了操控性能極佳，駕駛的雙手還能透過方向盤體驗到清晰的路感。

飛雅特 *Fiat 500 Abarth*

飛雅特的標誌是以圓形金屬框包圍盾形，盾形中以紅寶石色彩突顯FIAT英文字樣，因具立體視覺效果，展現了它在汽車技術上的動感與強烈個性。

國別	義大利
動力	160匹
極速	約208公里
0-100km/h加速	約7.6秒

喜愛飛雅特500小型轎車的獨特外型，但又希望有更強動力和精準操控性的車主，通常會選擇500 Abarth性能車款。和標準版車款相比，500 Abarth換上跑車化的外觀、懸吊與煞車系統，並在渦輪系統的協助下，引擎馬力大幅提升近60%，即使沒有非常傲人的極速與馬力，仍然帶給駕駛截然不同的熱血駕馭體驗。

ED 690XS

馬自達 *Mazda MX-5*

馬自達公司名取自於創辦人松田重次郎之姓氏「松田」的日文發音。而從1997年開始，它的新橢圓標誌中央，就採用M字樣宛如展翅飛翔的圖樣。

國別：	日本
動力：	158～167匹
極速：	214～227公里
0-100km/h加速：	7.5～8.4秒

MX-5自1989年上市以來，便因擁有經典英國敞篷小跑車的優點和特性，在全球車壇上深受好評。輕盈的車身設計加上傳統跑車的原始操控性，以及日本造車工藝的質感和耐用性，讓它成為入門敞篷小跑車中最優質的選擇。現在的MX-5車款體型有小幅提升，以提供更寬敞的座艙，但仍維持最初車款的設計精髓。

MX-5

迷你 *Mini Cooper*

迷你的標誌是英文名稱外加了一對翅膀，既清楚顯現車名，又讓人感受到它那英國經典汽車的氣質。

國別	英國
動力	116～192匹
極速	197～223公里
0-100km/h加速	6.7～10.4秒

迷你小型轎車曾被票選為20世紀最具影響力車款的第二名，從1960年代上市以來，便深受全球消費者的喜愛。專門設計及製造F1一級方程式賽車和越野賽車的Cooper汽車公司，便從1961年開始和迷你合作，打造迷你Cooper與Cooper S性能車款。經過多年的改進，新世代迷你Cooper車系仍然保有原始車款的輪廓與駕駛樂趣。

MINI JOHN COOPER WORKS

本田 *Honda NSX*

本田標誌中的H是它日語發音的第一個英文字母，方框則展現了本田年輕、技術性的形象。它在累積多年的賽車運動經驗後，更持續在跑車上做研發。

國別：	日本
動力：	估計超過500匹
極速：	未公布
0-100km/h加速：	未公布

本田NSX超級跑車在2005年停產後，即將在2015年使用全新高性能的配備復活！這輛旗艦超跑將裝載一套結合渦輪汽油引擎和電動馬達的油電動力混合系統，且選用跑車化的四輪驅動系統，來加強車輛轉彎的極限與安全性。不過，它的車內沒有複雜的旋鈕、按鍵與螢幕顯示設計，希望駕駛能專心的駕駛。

猜猜我是誰

請猜一猜下列跑車的名字。

國家圖書館出版品預行編目資料

超級跑車小百科／敖啟恩作. -- 初版. -- 新北市：人類, 2014.01
面；　公分
ISBN 978-986-413-749-7(精裝)

1.汽車 2.品牌 3.通俗作品

447.18　　102027480

超級跑車小百科

發行人　桂台榫
撰文　敖啟恩
副總編輯　陳湄玲
執行主編　游如伶
特約編輯　張裴容
美術編輯　張承霖、黃蕙珍、林佑峻
人類智庫網　http://www.humanbooks.com.tw
客服信箱　service@humanbeing.com.tw
郵撥帳號　01649498 人類文化公司
公司創立　1979年2月22日
出版發行　人類文化事業股份有限公司
公司電話　（02）2218-1000
公司傳真　（02）2218-9191
公司地址　新北市新店區民權路115號5樓
客服電話　（02）2219-6181
書店經銷　聯合發行股份有限公司
經銷電話　（02）2917-8022
經銷地址　新北市新店區寶橋路235巷6弄6號2樓

初版日期　西元2014年2月7日
定　價　新台幣180元

特別感謝以下圖片提供　McLaren Taipei；和泰、福特六和汽車（股）公司；寶嘉聯合（股）公司；達志影像、張哲維、The Car Spy、Xabi Rome-H rault

BENTLEY
Mobil 1

BOSCH
MAHLE
1

DODGE

NISSAN
nismo
nismo

vodafone
DUNLOP
DUNLOP

SUBARU
PIRELLI
PIRELLI
prodrive